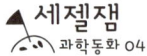

생쥐들의 뉴턴 사수 작전

글 박병철 | 그림 한태희 | 기획 고래방 최지은

초판 1쇄 펴낸날 2020년 2월 14일
펴낸이 조은희 | 편집장 한해숙 | 책임편집 오선이 | 디자인 최성수, 이이환
마케팅 박영준 | 온라인 마케팅 정보영 | 경영지원 김효순 | 제작 정영조, 박지훈
펴낸곳 ㈜한솔수북 | 출판 등록 제2013-000276호 | 주소 03996 서울시 마포구 월드컵로 96 영훈빌딩 5층
전화 02-2001-5822(편집), 02-2001-5828(영업) | 전송 02-2060-0108 | 전자우편 isoobook@eduhansol.co.kr
블로그 blog.naver.com/hsoobook | 인스타그램 soobook2 | 페이스북 soobook2
ISBN 979-11-7028-573-1   74810   ISBN 979-11-7028-270-9 (세트)

어린이제품안전특별법에 의한 제품 표시
품명 도서 | 사용연령 만 8세 이상 | 제조국 대한민국 | 제조자명 ㈜한솔수북 | 제조년월 2020년 2월

ⓒ 2020 박병철, 한태희
※ 저작권법으로 보호받는 저작물이므로 저작권자의 서면 동의 없이 다른 곳에 옮겨 싣거나 베껴 쓸 수 없으며 전산장치에 저장할 수 없습니다.
※ 이 도서의 국립중앙도서관 출판예정도서목록(CIP)은 서지정보유통지원시스템 홈페이지(http://seoji.nl.go.kr)와
   국가자료종합목록 구축시스템(http://kolis-net.nl.go.kr)에서 이용하실 수 있습니다. (CIP제어번호 : CIP2020004131)
※ 값은 뒤표지에 있습니다.

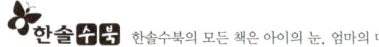 

생쥐들의 뉴턴 사수 작전

박병철 글 · 한태희 그림

차례

울즈소프로 돌아온 검댕이손 ♦ 8

운명을 바꾸는 새로운 지식 ♦ 14

사과나무 위의 소동 ♦ 30

태양의 힘으로 시궁쥐를 물리치다 ♦ 42

트리퍼 삼촌

매스

괴물 쥐의 등장 ◆ 51

울즈소프 사수 작전 ◆ 58

검댕이손과의 이별 ◆ 71

전설이 된 남자 ◆ 76

라피도

작가의 말 ◆ 82
뉴턴의 일생 ◆ 85

플럼포

아이작 뉴턴
(Isaac Newton, 1642~1727)

뉴턴이 케임브리지 대학에 다니던 무렵, 전 유럽에 흑사병이라는 무서운 전염병이 돌아서 수많은 사람이 죽었습니다. 흑사병은 쥐벼룩이 옮기는 병인데, 당시 사람들은 이런 사실을 전혀 몰랐기 때문에 치료법을 몰라 일단 환자가 발생하면 무조건 피하는 것이 상책이었습니다.

뉴턴도 흑사병을 피해 1665년 고향인 울즈소프로 돌아옵니다. 그리고 울즈소프에서 과학 역사에 빛나는 위대한 업적을 남기게 되지요.

울즈소프로 돌아온 검댕이손

 이 이야기는 지금으로부터 약 350년 전, 영국 링컨셔 주에 있는 울즈소프라는 작은 시골 마을의 한 농장에서 시작됩니다. 울즈소프에는 밀밭과 과수원이 넓게 펼쳐져 있고, 주변에 농장 주인과 일꾼들이 살고 있습니다. 사람이 있으니 음식과 집이 있고, 집이 있으니 헛간이 있고, 헛간이 있는 곳에 우리들이 있습니다. 그렇습니다. 우리는 새끼를 잘 낳고 무엇이든 잘 먹기로 유명한 생쥐입니다.

 내 이름은 매스, 헛간에 살고 있는 수많은 생쥐들 중 하나입니다. 그런데 생각이 너무 많고 궁금한 것도 많아서 다른 생쥐들과 잘 어울리지 못합니다. 이 세상에는 먹고사는 것보다 '중요한 무엇'이 있을 것 같은데, 어렴풋이 그런 느낌이 들 뿐 그게 무엇인지는 알 길이 없었지요. 내가 이런 질문을 할 때마다 부모님은 말씀하셨습니다.

 "그런 건 먹을 것을 구한 다음 생각해도 된단다."

하지만 현실은 그렇지 않았습니다. 한 끼를 먹고 나면 곧바로 다음 끼니를 찾아 나서야 했으니까요.

쥐로 태어나 산다는 건 참으로 고달픈 일입니다. 농장에는 먹을 것이 많으니까 별 걱정이 없을 것 같지만, 알고 보면 그렇지도 않습니다. 올해는 농사가 흉년이 들어서 사람이 먹을 것도 부족했고, 쥐를 잡겠다고 헛간 곳곳에 놓은 쥐덫은 수시로 우리의 생명을 위협했습니다. 뿐만 아니라 어쩌다가 사람과 마주치기라도 하면 꽁지가 빠지게 도망가야 했지요.

그러나 우리를 가장 괴롭혔던 것은 사람이나 쥐덫이 아니라 하수구에 사는 시궁쥐였습니다. 시궁쥐들은 덩치가 크고 성격도 사나웠는데

툭하면 헛간으로 쳐들어와 우리 생쥐들이 애써 모아 놓은 식량을 빼앗아 가곤 했습니다.

우리는 시궁쥐의 행패를 막기 위해 온갖 궁리를 다 해 보았지만 별 뾰족한 수가 없었습니다. 그 남자가 농장에 나타나기 전까지는 말이지요.

그 남자는 농장 주인의 아들로 23년 전에 울즈소프에서 태어나 어린 시절을 보냈고, 몇 년 전에 집을 떠나 런던에 있는 유명한 대학교에 다니고 있었습니다. 그런데 런던에서 무슨 일이 있었는지, 어느 날 갑자기 짐을 싸 들고 고향으로 돌아온 것입니다.

사람들은 대부분 쥐를 싫어하기 때문에 농장에 사람이 늘어

난 것은 우리에게 결코 반가운 소식이 아니었습니다. 그런데 주인 아들은 돌아온 날부터 자기 방에 틀어박혀서 거의 밖으로 나오지 않았고, 어쩌다가 집 밖으로 나와도 먼 산을 바라보거나 하늘을 올려다볼 뿐, 생쥐에게는 관심이 없었습니다.

주인 아들의 손에는 항상 검은 잉크가 묻어 있었기 때문에 우리는 그를 '검댕이손'이라고 불렀습니다.

운명을 바꾸는 새로운 지식

어느 날 저녁, 나는 친구들과 함께 식량을 구하러 곡식 창고로 갔다가 크게 실망했습니다. 어제 하루 종일 걸려서 곡식 단지에 간신히 구멍을 뚫어 놓았는데, 어느새 사람들이 막아 놓았기 때문입니다.

나와 친구들은 먹을 것을 구하려고 천장에 난 비밀 통로를 따라 이리저리 헤매다가 음식 냄새가 풍겨 오는 구멍 앞에 멈춰 섰습니다. 구멍을 통해 아래를 내려다보니 검댕이손이 책상 앞에 앉

아 노트에 무언가를 열심히 적고 있더군요. 책상 한쪽에는 빵과 포도주가 놓여 있었지만 검댕이손은 눈길도 주지 않았습니다.

  우리는 몇 번을 망설인 끝에 살금살금 내려가 빵을 한 조각씩 집어 들었습니다. 그런데 제일 뚱뚱한 플럼프가 포도주 잔을 쓰러뜨리는 바람에 검댕이손에게 들키고 말았습니다.

  "이런, 이런…… 배가 고파 먹을 것을 구하러 왔구나. 나는 너희들을 별

로 좋아하지 않지만, 신께서 너희들을 만드신 데에는 그럴 만한 이유가 있겠지. 빵은 다 가져가도 좋으니 방해만 하지 말아 다오."

검댕이손과 눈이 마주친 우리는 몹시 당황했습니다.

"저 인간이 지금 뭐라는 거야?"

"모르지. 하지만 음식이 입맛에 맞냐고 물어보는 건 아닌 것 같은데……"

"야, 사람하고 눈이 마주쳤는데 한가하게 그런 소리를 해야 되겠냐? 살고 싶으면 무조건 뛰어!"

친구들은 엎치락뒤치락 열린 창문 쪽으로 달려가 일제히 밖으로 뛰어내렸습니다. 그러나 나는 겁이 나서 이러지도 저러지도 못하고 책상 위에 혼자 남아 부들부들 떨고 있었지요. 여기가 2층이라는 사실을 잘 알고 있었거든요.

"빠른 속도는 너희를 위기에서 구해 주겠지만, 큰 가속도에는 대가가 따르는 법이지."

검댕이손은 알 수 없는 말을 중얼거리며 다시 무언가를 열심히 적어 나갔습니다. 나 같은 것은 안중에도 없나 봅니다.

조금 마음이 놓인 나는 호기심이 발동하여 책상 위를 이리저리 돌아다니며 노트에 빼곡히 적힌 글과 그림을 둘러보았습니다.

무슨 내용인지는 알 수 없었지만 검댕이손이 먹는 것도 마다한 채 몰두하는 것으로 보아, 틀림없이 먹는 것보다 중요한 일 같았습니다. 그렇다면 내가 쭉 찾아 헤매던 '중요한 무엇'을 검댕이손은 알고 있지 않을까요? 나는 설레는 마음으로 노트 구석구석을 살피다가 한 그림에 눈길이 멈추었습니다. 어차피 인간의 글자는 무슨 말인지 모르니까요.

그 순간 나도 모르게 탄성이 터져 나왔습니다.

"아하, 그렇구나! 뚱뚱한 플럼프가 제일 많이 다쳤겠네. 달리기가 빠른 라피도는 울타리까지 날아갔을 테고 말이야."

노트 속의 그림은 완전히 새로운 세상이었습니다. 매일 여기저기 부딪히고 다치면서 몸으로 터득한 사실들이 한눈에 알아볼 수 있도록 깔끔하게 정리되어 있었거든요. 사람들은 그저 무섭기만 했는데, 검댕이손은 마치 자연의 비밀을 풀어 주는 마술사 같았습니다.

나는 마치 보물찾기라도 하듯이 한참을 두리번거리다가 또 하나의 그림을 발견하고 그림 앞에서 골똘히 생각에 잠겼습니다. 그런데 갑자기 검댕이손이 다가오더니 두 손으로 내 몸을 감싸 안으며 말했습니다.

"자연의 법칙은 사람과 쥐를 차별하지 않지. 이제 내 손목 힘이 네 몸뚱이의 관성을 이기면 너는 포물선 운동을 하면서 다시 자유의 몸이 될 거야. 푹신한 짚단에 떨어지면 가속도가 크지 않을 테니 네 친구들처럼 다치진 않을 거야. 자, 준비됐니?"

말이 끝나기가 무섭게 내 몸은 허공을 날고 있었습니다.

"으악! 생쥐 살려!"

그러고는 눈 깜짝할 사이에 창문 밖을 날아서 마당에 쌓아 놓은 짚단 위에 떨어졌습니다.

무슨 일이 벌어진 건지 도무지 정신을 차릴 수가 없었지요. 흥분이 가시지 않은 채 헛간으로 돌아온 나는 친구들에게 한바탕 열변을 늘어놓았습니다.

"얘들아, 나 방금 놀라운 세상을 보고 왔어! 지금까지 한 번도 본 적이 없는 것들이야. 하지만 모든 것이 너무나 명백한 것들을 보고 왔다고!"

"매스, 창문에서 뛰어내리다가 머리를 다친 거야? 갑자기 왜 그래?"

"머리를 다친 건 아니지만 충격을 받은 건 사실이야. 나는 플럼프가 다리를 다치고 라피도가 울타리까지 날아갈 거라는 사실을 직접 보지 않고도 알 수 있었어! 그 모든 건 이미 예정된 일이었던 거야!"

그러자 시무룩하던 플럼프가 입을 열었습니다.

"갑자기 점쟁이라도 된 거야? 그렇다면 이 빵 조각을 아래로 던지면 무슨 일이 일어날지도 이미 알고 있겠네?"

"다시 튕겨 올라올 거야."

매스는 확신에 찬 목소리로 말했습니다.

플럼프가 피식하고 웃으며 빵 조각을 아래로 던졌는데, 딱딱한 빵 조각이 쥐덫 위로 떨어지면서 용수철에 튕겨 위로 올라오더니 정확하게 플럼프의 손바닥 위로 떨어졌습니다. 이 광경을 본 친구들의 눈이 휘둥그레졌지요.

"이게 어떻게 된 일이야?"

"매스가 진짜 점쟁이가 된 거 아냐?"

"내 말이 맞지? 잘은 모르겠지만 여기에는 다 규칙이 있어. 이것들을 잘 활용하면 우리의 삶은 훨씬 풍요로워질 거야. 새로운 세상이 펼쳐질 거라고!"

바로 그때, 밖을 내다보고 있던 라피도가 소리쳤습니다.

"시궁쥐들이 이쪽으로 오고 있어! 빨리 도망가!"

라피도의 말에 헛간은 순식간에 아수라장이 되었습니다. 생쥐들은 비명을 지르며 어디로 도망갈지 몰라 갈팡질팡했고, 몇몇은 바닥으로 떨어져 크게 다쳤습니다.

잠시 후 시궁쥐들이 헛간 안으로 들이닥치더니 헛간을 난장판으로 만들고 얼마 남지 않은 식량까지 모두 털어 갔습니다. 우리는 벽 뒤에 숨어서 가만히 지켜보는 수밖에 없었지요.

시궁쥐들이 떠난 후, 생쥐들은 폐허가 된 헛간을 물끄러미 바라보며 한숨을 쉬었습니다.

"휴우, 언제까지 이렇게 당하면서 살아야 하는 거야. 무슨 대책이 없을까?"

"할아버지의 할아버지 때부터 이렇게 살아온걸 뭐. 이게 생쥐의 운명인 거야."

친구들은 체념하고 있었지만 내 생각은 달랐습니다. 검댕이손의 노트에서 봤던 그림들을 이용하면 좋은 방법이 생길 것 같았지요. 생쥐들이 불안에 떨며 사는 것은 타고난 운명일지도 모르지만, 나는 새로운 지식으로 운명을 바꿀 수도 있다고 생각했습니다.

속도

속도란 움직이는 물체가 얼마나 빠른지를 숫자로 나타낸 것입니다. 숫자가 클수록 빠르게 움직이는 것이지요. 예를 들어 속도가 60km/h라고 되어 있으면 '시속 60킬로미터'라고 읽고, '한 시간 동안 60킬로미터를 갈 수 있는 속도'라는 뜻입니다.

가속도

어떤 물체가 속도의 변화 없이 똑같은 빠르기로 계속 움직일 때, 그 물체는 등속 운동을 하고 있다고 말합니다. 에스컬레이터가 등속 운동을 하는 대표적인 기구이지요.

그러나 대부분의 물체는 실제로 움직이는 동안 속도가 변합니다. 자동차를 타고 가다가 브레이크를 밟으면 속도가 점점 느려지다가 결국은 완전히 멈추게 됩니다. 이럴 때 속도가 얼마나 빠르게 변하는가를 숫자로 나타낸 것이 '가속도'입니다. 가속도는 크다, 작다고 표현하는데 '가속도가 크다'는 것은 속도가 빠르다는 뜻이 아니라 '속도가 빠르게 변하고 있다'는 뜻입니다. 물체의 운동을 좌우하는 법칙은 속도가 아닌 가속도와 밀접하게 관련되어 있습니다.

관성

모든 물체는 현재의 속도를 계속 유지하려는 독특한 성질을 지니고 있습니다. 즉, 정지해 있는 물체는 계속 정지해 있으려 하고, 움직이는 물체는 현재의 속도로 계속 움직이고 싶어 하지요. 이런 성질을 '관성'이라고 합니다.

버스나 전철을 타고 가다가 차가 갑자기 섰을 때 몸이 앞으로 쏠리는 것은 내 몸이 계속 앞으로 가려고 하는 관성 때문입니다.

질량이 작은 물체는 관성이 작아서 조금만 힘을 줘도 쉽게 움직입니다.

질량이 큰 물체는 관성이 커서 큰 힘을 주어야 움직일 수 있습니다.

그런데 현재의 속도를 계속 유지하는 능력, 즉 관성의 '크기'는 물체마다 다릅니다. 예를 들어 커다란 바위는 조그만 돌멩이보다 관성이 크지요. 각 물체의 관성의 크기를 숫자로 나타낸 것이 바로 질량입니다. 질량이 크다는 말은 원래 '무겁다'는 뜻이 아니라 '관성이 크다'는 뜻입니다.

빠르기와 힘

모든 물체가 관성을 갖고 있다는 것은 곧, 모든 물체는 빠르기가 변하는 것을 싫어한다는 뜻이기도 합니다. 질량이 큰 물체일수록 관성이 크다고 했는데, 관성이 클수록 빠르기가 변하는 것을 더 싫어하지요.

그렇다면 이렇게 싫다고 고집 부리는 물체를 더 빠르게 하거나 느리게 만들려면 어떻게 해야 할까요? 방법은 한 가지밖에 없습니다. 바로 물체에 힘(force)을 가하는 것입니다. 원래 힘이란 '물체의 빠르기를 바꾸는 모든 작용'을 일컫는 말입니다.

힘에는 여러 종류가 있는데, 지구가 물체를 잡아당기는 '중력', 두 물체가 서로 맞닿았을 때 작용하는 '마찰력', 고무줄이나 용수철의 '탄성력', 자석이 쇠붙이를 끌어당기는 '자력' 등 '힘 력(力)'자로 끝나는 용어들은 모두 힘을 나타냅니다.

그네를 충분한 힘으로 밀면 관성을 이기고 흔들리기 시작합니다.

그네가 쥐에게 힘을 주면 쥐는 관성을 이기고 튕겨 나갑니다.

뉴턴의 운동 법칙

생쥐들이 2층에서 뛰어내리면 바닥에 닿을 때까지 속도가 계속해서 빨라집니다. 그러다가 바닥에 조금이라도 닿으면 아주 짧은 시간 사이에(닿는 순간) 속도가 0으로 줄어들지요. 속도가 빠르게 변하고 있는 걸 가속도가 크다고 했습니다. 그러므로 바닥에 닿은 짧은 시간 동안 속도가 많이(크게) 변했으니까 당연히 가속도도 크겠지요?

뉴턴의 운동 법칙에 의하면 물체에 작용하는 힘은 질량과 가속도의 곱과 같습니다. 즉 식으로 나타내면 힘 = 질량 × 가속도(F=m×a)입니다.

몸이 땅에 닿아 급정거(급정지)할 때 생긴 가속도(a)는 모든 생쥐들이 똑같

작은 공은 작은 힘을 주어도 멈추기 때문에 글러브로 받을 수 있습니다.

질량이 큰 공을 받으려면 큰 힘이 필요합니다.

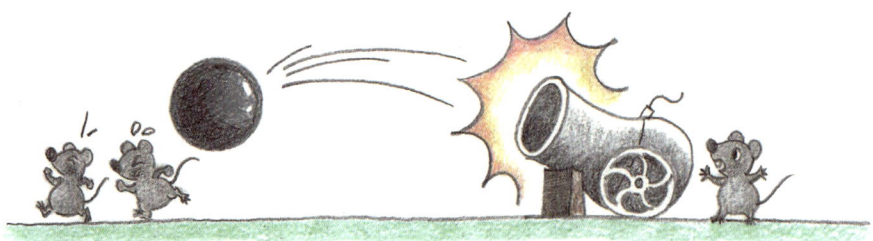

질량이 아주 큰 공이 날아오면 피하는 것이 상책입니다.

지만, 뚱뚱한 플럼프의 질량(m)이 제일 크기 때문에 가장 큰 힘(F)을 받게 됩니다. 그래서 플럼프가 제일 많이 다쳤던 것이지요.

따라서 직접 보지도 않고 2층에서 뛰어내린 생쥐들이 모두 어딘가를 다쳤을 거라는 매스의 추리는 일리가 있습니다.

사과나무 위의 소동

다음 날 새벽, 친구들이 헛간을 정리하는 사이에 나는 혼자서 주인 아들의 방을 다시 찾아갔습니다. 검댕이손은 침대에 잠들어 있고, 빵에는 손도 대지 않았더군요.

나는 조심스럽게 벽을 타고 내려가서 책상 위에 산더미처럼 쌓여 있는 노트를 일일이 훑어보았습니다. 책장을 아무리 넘겨도 끊임없이 나오는 그림들……. 검댕이손이 왜 하루 종일 이런 것들에 푹 빠져 있는지 궁금해서 견딜 수가 없었습니다.

검댕이손의 방에는 노트 말고도 이상한 장치들이 잔뜩 널려 있었습니다. 가까이 가서 보니 그림으로 그렸던 것들을 실제로 만들어 놓았더군요. 그런데 내 눈에는 마치 생쥐들을 위한 놀이 기구처럼 보였습니다.

또다시 호기심이 발동한 나는 검댕이손이 만든 장치들을 타고 몸을 흔들며 시간 가는 줄 모르고 재미있게 놀았습니다. 그러다가 시소 위에 있던 구슬이 굴러 떨어지는 바람에 검댕이손을 깨우고 말았지요.

깜짝 놀라 돌아보니 검댕이손이 뒤척이고 있더군요. 나는 재빨리 벽을 타고 천장의 구멍을 통해 방을 빠져나왔습니다. 헛간으로 돌아오는 내내 나는 한 가지 생각에 사로잡혀 있었습니다.

"저런 것이 왜 먹고사는 일보다 중요할까……."

그러다 갑자기 아까 책상 위에 놓여 있던 빵이 떠올랐습니다. 분명히 맛있는 빵이 있었는데, 누구에게도 방해받지 않고 먹을 수 있는 빵이 있었는데도 나는 먹을 생각조차 하지 않았던 것입니다! 그제야 나는 비로소 검댕이손이 빵을 먹지 않고 그런 일에 몰두하는 이유를 조금이나마 알 수 있었습니다.

나는 그날부터 온 동네를 돌아다니며 버려진 잡동사니를 주워 모았습니다. 그림으로 보았던 여러 장치들을 직접 만들어 보고 싶었거든요.

부모님과 친구들은 내 행동을 이해하지 못했습니다. 먹을 것을 찾는 일만 해도 바쁘고, 시궁쥐들의 횡포도 커다란 걱정거리인데, 내가 하는 일은 엉뚱한 일에 시간을 낭비하는 것처럼 보였으니까요.

"매스, 쓰레기 말고 제발 먹을 것 좀 구해 오라고!"

"그때 머리를 다친 후로 정상이 아닌 것 같아."

하지만 나는 빵보다 중요해 보이는 무언가를 발견한 이상, 끝까지 해 보기로 결심했습니다. 천장에 그네를 달고, 난간에 비탈길을 내고, 쥐덫을 고쳐 자동 운반 장치를 만들고, 깨진 거울과 병 조각을 모아 햇빛 반사 장치를 만들었지요.

그런데 언제부터인가 친구들도 조금씩 관심을 보이기 시작했습니다. 내가 무슨 놀이 기구를 만드는 줄 알았다나요? 하긴, 그 말을 듣고 다시 보니 정말 놀이공원 같긴 하더군요. 그 덕분에 나는 친구들의 도움을 받으며 쉽게 일을 마무리할 수 있었습니다.

한번은 친구들을 모아 정원으로 갔습니다.

"매스, 이건 바보짓이야! 나무를 타는 쥐가 세상에 어디 있어? 우리가 무슨 다람쥐냐?"

"맞아. 그냥 더 기다렸다가 사과가 떨어지면 그때 주우러 오면 되잖아!"

사과나무에 올라온 친구들은 온갖 불평을 늘어놓았습니다. 사실 나도 나무는 처음 타 봅니다. 그러나 내가 만든 도구들을 실험하려면 무겁고 동그란 게 필요했는데, 그러기에는 정원에 열린 사과가 제격이었습니다.

"일단 날 믿어 보라니까. 다들 준비 됐어?"

라피도가 대답했습니다.

"준비 끝! 그런데 서둘러야 할 것 같아. 여긴 사람이 자주 지나다니는 곳이라고! 우리가 여기 있는 걸 알면 쥐덫이 아니라 쥐약을 놓을지도 몰라."

나무 위에 있던 친구들이 이빨로 열매 줄기를 열심히 갉자 사과가 하나둘 땅으로 떨어졌습니다. 떨어진 사과는 지상 운반조가 힘을 모아 날랐지요.

그때 라피도가 다급하게 외쳤습니다.

"사람이 이쪽으로 오고 있어! 빨리 숨어!"

나뭇잎 사이에 몸을 숨기고 바라보니, 검댕이손이 책 한 권을 들고 사과나무 쪽으로 걸어오고 있었습니다. 우리는 숨을 죽인 채 검댕이손이 그냥 지나가 주기를 바랐지요. 그러나 검댕이손은 우리의 기대를 저버리고 나무 밑에 털썩 주저앉더니 갖고 온 책을 펼쳐 들었습니다.

아무리 기다려도 검댕이손은 일어날 기미도 보이지 않았지요.

"매스, 어떻게 좀 해 봐! 이거 너무 무겁단 말이야!"

플럼프는 큼지막한 사과 하나를 품에 안은 채 떨어뜨리지 않으려고 안간힘을 쓰고 있었습니다. 플럼프를 도우려고 내가 조심조심 사과를 넘겨받으려는 순간이었습니다.

갑자기 옹이구멍에서 나온 다람쥐와 눈이 마주쳤고, 플럼프는 비명을 지르면서 사과를 놓치고 말았습니다. 그리고 무슨 운명의 장난인지 그 사과는 정확하게 검댕이손의 머리 한가운데로 떨어지고 말았습니다.

"큰일 났다. 이제 우린 다 죽었어······."

그러나 검댕이손은 아픈 기색도 없이 천천히 사과를 집어 들고는 마치 얼어붙은 사람처럼 꼼짝도 않고 사과만 뚫어져라 바라보았습니다.

"지금이야! 모두 내려가, 빨리!"

우리는 쏜살같이 나무에서 내려와 사과를 굴리며 헛간으로 돌아왔습니다.

플럼프가 숨을 헐떡거리며 투덜댔습니다.

"검댕이손이 머리를 다쳐서 멍해졌기에 망정이지, 하마터면 큰일 날 뻔했잖아. 다시는 사과나무에 올라가나 봐라!"

우리는 미리 설치해 놓은 비탈길을 이용해 사과를 끌어올렸습니다. 예전에는 너무 무거워서 큰 사과를 창고로 옮길 수가 없었는데, 이제는 창고에 쌓아 놓고 얼마든지 먹을 수 있게 된 거지요.

저녁때가 되자 음산한 바람이 불면서 하늘에 먹구름이 끼기 시작했습니다. 검댕이손이 머리를 다쳐서 혹시 쓰러져 있는 건 아닌가 싶어 사과나무 쪽으로 가 보았는데, 여전히 나무 밑에 앉아 골똘히 생각에 잠겨 있더군요. 나도 음식을 앞에 놓고 오랫동안 생각에 잠겨 본 적이 있었기에, 검댕이손의 마음을 어렴풋이 이해할 수 있었습니다.

그렇습니다. 이 세상에는 빵보다 중요한 무언가가 정말로 있었던 것입니다. 나는 검댕이손이야말로 이 세상에서 가장 고귀한 생각을 하는 사람이며, 누구보다 큰일을 해낼 사람이라고 생각했습니다.

중력

질량이 있는 모든 물체는 서로 잡아당기는 성질이 있습니다. 이 힘을 중력이라고 합니다. 뉴턴은 떨어지는 사과를 바라보며 중력을 떠올렸다고 합니다. 우리의 몸무게는 지구가 우리를 잡아당기는 중력에 의해 생긴 힘입니다.

그렇다면 가까이 마주보고 있는 두 개의 물체는 왜 서로 잡아당기지 않는 걸까요? 그것은 '바닥과 물체 사이의 마찰력'이 물체들끼리 끌어당겨서 붙는 것을 방해하고 있기 때문입니다. 지구의 중력이 없는 우주 공간에서는 마찰력이 작용하지 않기 때문에, 가까이 있는 두 물체가 서로 잡아당기는 것을 확인할 수 있습니다.

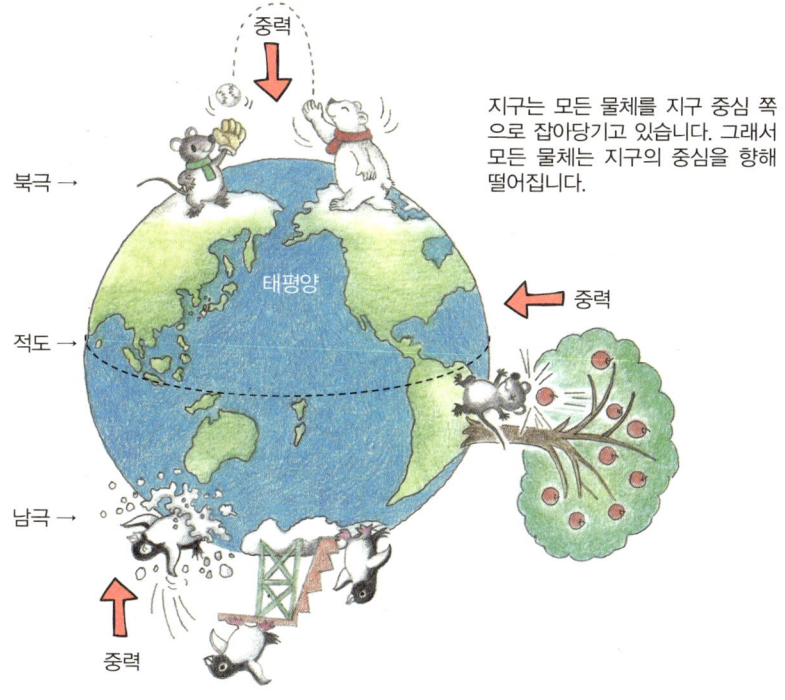

지구는 모든 물체를 지구 중심 쪽으로 잡아당기고 있습니다. 그래서 모든 물체는 지구의 중심을 향해 떨어집니다.

사과나무 위의 소동 ● 39

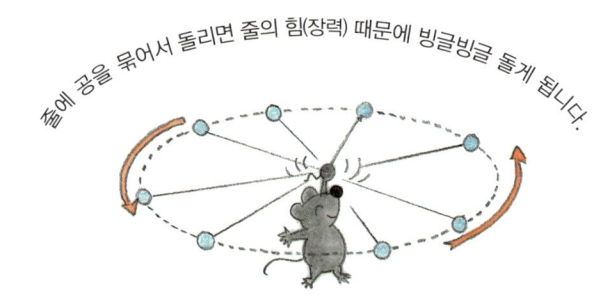

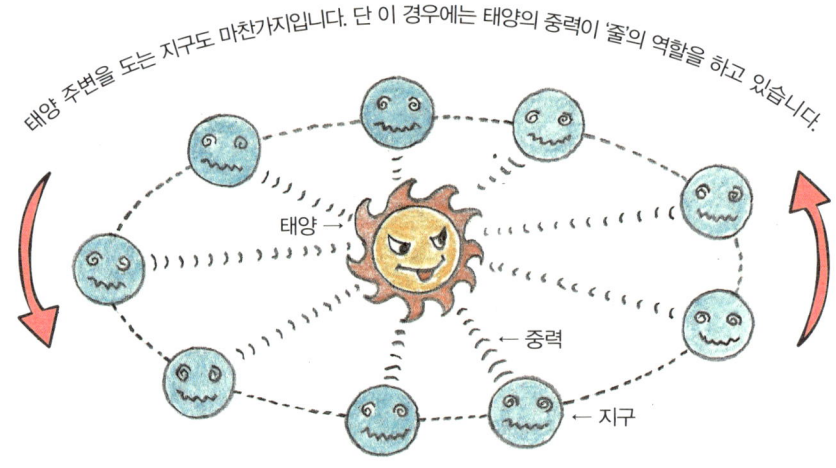

두 물체의 질량이 클수록 중력이 강하고, 둘 사이의 거리가 가까울수록 중력이 강해집니다. 지구가 태양 주위를 돌고 달이 지구 주위를 도는 것도 지구와 달 사이에 작용하는 중력 때문입니다.

중력은 우주 어디서나 똑같은 법칙에 따라 작용하며, 우주가 지금과 같은 모습으로 진화하는 데 결정적인 역할을 했습니다.

경사면

　기울어진 경사면을 이용하면 무거워서 들 수 없는 물건도 높은 곳으로 옮길 수 있습니다. 경사면이 무게의 일부를 덜어 주기 때문에, 물건의 무게보다 작은 힘을 줘도 위로 밀어 올릴 수 있습니다.

　오래전 피라미드와 같은 큰 건물을 지을 때에도 경사면을 만들어서 커다란 돌들을 운반했습니다. 이렇게 하면 물체를 수직 방향으로 들어 올리는 것보다 이동 거리는 길어집니다. 하지만 불가능한 일을 가능하게 해 준다면 그 정도 수고는 견딜 만하겠지요?

경사면을 이용하면 무거운 물체도 적은 힘으로 옮길 수 있습니다.

태양의 힘으로 시궁쥐를 물리치다

　내가 열심히 만들어 놓은 장치들 덕분에 우리는 무거운 물건을 들어 올릴 수 있게 되었고, 심지어는 야채나 과일을 1층에서 2층으로 쏘아 올릴 수도 있게 되었습니다.

　텅텅 비었던 헛간은 어느새 식량으로 가득 찼고, 아기 생쥐들은 미끄럼틀과 그네를 타고 놀았습니다. 생쥐들은 살기가 편해졌다고 좋아하면서도, 그런 생각을 누가 맨 처음 했는지는 별로 궁금해하지 않는 것 같았습니다.

　그러던 어느 날, 우리 식량이 넉넉해졌다는 소문을 듣고 시궁쥐들이 또 쳐들어왔습니다. 하지만 이번에는 허둥대지 않았습니다. 이런 일에 대비해 비상 훈련을 해 왔으니까요.

　늙은 쥐들은 미끄럼틀을 타고 탈출했고, 엄마 쥐들은 아기 쥐를 안은 채 그네를 타고 건너편으로 피했습니다. 그리고 나와 친구들은 미리 준비해 둔 도구를 꺼내 들고 각자 정한 위치에서 자리를 잡았습니다. 플럼프는 무서웠던지 다리를 후들후들 떨고 있더군요.

"매, 매, 매스, 이 방법이 정말 통할까?"

"연습한 대로만 하면 돼. 시궁쥐들은 빛을 싫어하니까 틀림없이 우리가 이길 거야!"

나는 시궁쥐들의 요란한 발소리를 들으며 침을 꿀꺽 삼켰습니다. 잠시 후 사나운 시궁쥐들이 모습을 드러냈습니다.

"으하하, 가련한 생쥐들아! 우리가 왔다! 우리에게 바치려고 식량을 많이 모아 놓았다며?"

나는 두 눈을 부릅뜨고 외쳤습니다.

"모아 놓긴 했지만 그건 우리 거야! 너희에게 줄 건 따로 준비해 뒀지. 얘들아, 공격 개시!"

내가 명령을 내리자 친구들은 손에 들고 있던 거울 조각과 돋보기를 일제히 치켜들었고, 천장의 구멍을 통해 들어온 햇빛이 거울에 반사되어 시궁쥐들의 얼굴을 강하게 비추었습니다.

"으악! 눈부셔! 이게 뭐야?"

"태양이 너희에게 주는 벌이다! 당장 사라지지 않으면 너희 얼굴을 시커멓게 태울 거야!"

자신감이 생긴 친구들은 거울과 유리를 든 채 소리를 지르며 시궁쥐에게 가까이 다가갔고, 겁에 질린 시궁쥐들은 고통스러워하다가 꼬리를 내리고 모두 도망갔습니다.

"야호! 우리가 이겼어! 시궁쥐들을 물리쳤다고!"

우리는 너무 기뻐서 서로 얼싸안고 펄펄 뛰었습니다.

이 일을 계기로 친구들도 '자연 현상을 이해하면 삶이 달라질 수 있다.'는 사실을 조금은 깨달은 것 같았습니다.

빛의 분해

뉴턴은 빛의 특성을 연구하는 '광학'의 선구자이기도 했습니다. 뉴턴 이전에 프랑스의 과학자 르네 데카르트가 "프리즘에 빛을 통과시키면 몇 가지 색으로 분리된다."는 사실을 알아냈지만, 이것을 더욱 정교한 실험으로 확인한 사람은 뉴턴이었습니다. 프리즘을 통해 분리된 빛(빨, 주, 노, 초, 파, 남, 보)을 '단색광'이라 하고, 이들을 섞어서 만든 빛을 '혼합광'이라고 합니다. 태양에서 방출된 빛, 즉 백색광은 모든 색의 빛이 섞인 혼합광입니다.

뉴턴은 프리즘을 이용하여 햇빛이 다양한 색의 단색광으로 이루어져 있다는 사실을 알아냈습니다.

또한 뉴턴은 빛이 유리 표면에서 반사되거나 유리를 통과할 때 굴절되는 원리를 과학적으로 설명했고, 둥그스름한 유리(렌즈)와 거울을 제작하여 반사망원경을 만들기도 했습니다. 빛은 볼록한 렌즈를 통과하면 한 점으로 모이고, 오목한 렌즈를 통과하면 넓게 퍼집니다.

빛의 굴절

사람들은 흔히 '빛은 똑바로 나아간다(직진한다)'고 알고 있지만, 사실은 '시간이 가장 짧게 걸리는 길을 따라' 나아갑니다.

예를 들어 볼까요? 아래 그림은 한여름의 해수욕장 모습을 멀리서 바라본 그림입니다. 모래사장의 한 지점 A에서 인명 구조원이 바다를 살피고 있고, 바다의 한 지점 B에서 누가 수영을 하다가 살려 달라고 소리치고 있습니다. 그렇다면 A에 있는 인명 구조원은 어떤 경로로 B에 가야 가장 빨리 도착할 수 있을까요?

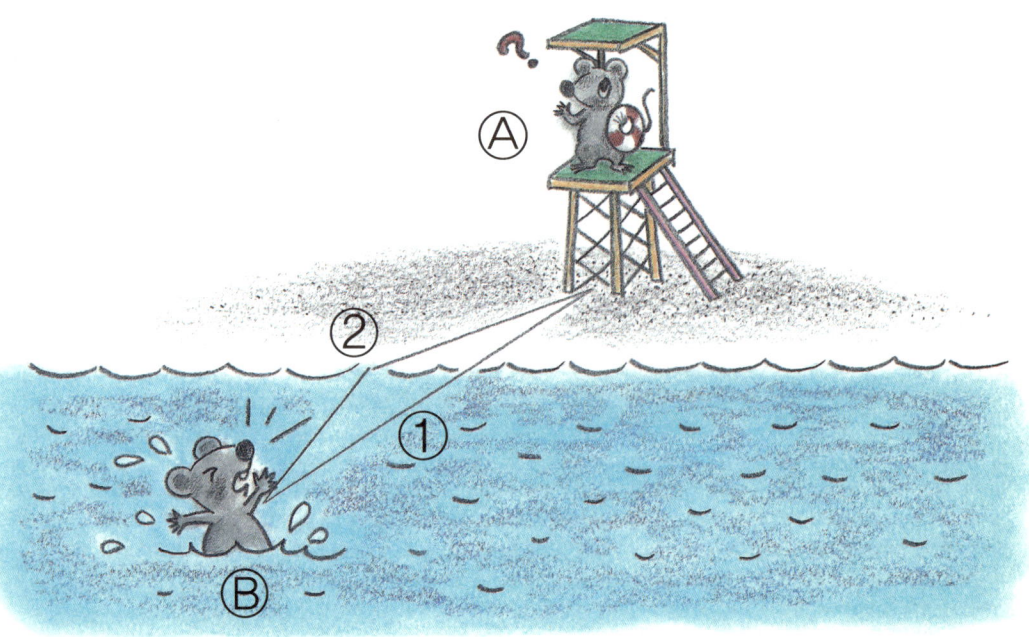

사람은 대체로 헤엄칠 때보다 뛰어갈 때 속도가 더 빠릅니다. 따라서 가장 짧은 시간에 B에 도착하려면 뛰어가는 거리보다 헤엄쳐서 가는 거리를 줄여야 합니다. 즉, A와 B를 직선으로 연결한 1번 길보다 2번 길을 택하는 쪽이 시간이 더 빠릅니다.

빛은 공기를 통과할 때보다 유리나 물속을 통과할 때 속도가 느려집니다. 그래서 빛이 유리나 물속을 통과할 때 꺾이게 되지요. 앞에서 말했듯이 빛은 항상 '이동 시간이 가장 짧게 걸리는 길'을 따라가기 때문에 인명 구조원의 경우처럼 2번 경로를 택하게 됩니다. 이처럼 빛이 다른 물질을 통과할 때 꺾이는 현상을 빛의 굴절이라고 합니다.

뉴턴의 광학

뉴턴은 빛이 작은 알갱이(입자)로 이루어져 있다는 가정하에 광학 이론을 세워 나갔습니다. 훗날 영국의 과학자 토머스 영이 정밀한 실험을 통해 빛이 입자가 아닌 '파동'임을 증명했지만, 20세기에 '양자역학'이라는 새로운 물리학 이론이 등장하면서 빛이 입자로 이루어져 있다는 이론이 다시 주목받았습니다. 신기하게도 빛은 입자이면서 동시에 파동이기도 하지요. 그러니까 뉴턴은 현대 과학자보다 무려 300년이나 앞서서 빛이 입자라는 생각을 떠올렸던

셈입니다.

  뉴턴의 광학 이론은 1704년에 출판된 저서 《광학》에 잘 정리되어 있습니다. 이 책에는 빛의 다양한 성질뿐만 아니라 사람 눈의 작동 원리와 생명체의 감각, 물질대사 등 생물학적 내용도 실려 있는데, 뉴턴은 눈의 작동 원리를 확인하기 위해 자신의 눈언저리를 바늘로 찔러 볼 정도로 실험 정신이 투철했다고 합니다.

  뉴턴은 그의 책에서 "내가 먼 곳을 내다볼 수 있었던 것은 거인의 어깨 위에 올라타고 있었기 때문"이라고 했습니다. 자신보다 앞서서 자연을 탐구했던 데카르트와 네덜란드의 크리스티안 하위헌스, 그리고 이탈리아의 갈릴레오 갈릴레이 등 선배 과학자들에게 공을 돌린 것이지요.

괴물 쥐의 등장

시궁쥐에게 처음으로 승리한 날 밤, 우리는 모두 한자리에 모여서 승리를 축하하고 앞으로의 대책을 의논했습니다. 햇빛이 없는 한밤중이나 비가 오는 날에 시궁쥐들이 쳐들어올 수도 있으니까요. 친구들이 저마다 아이디어를 내며 의견을 나누고 있는데, 밖에서 라피도가 소리쳤습니다.

"여러분, 여기 누가 왔는지 보세요! 트리퍼 삼촌, 트리퍼 삼촌이 돌아왔어요!"

그러자 나이가 제일 많은 할아버지가 자리에서 벌떡 일어났습니다.

"뭐야? 트리퍼가 왔다고? 이 녀석, 대체 몇 년 만이야?"

트리퍼 삼촌은 워낙 여행을 좋아해서 세상 곳곳을 돌아다니고 있었습니다. 오랜만에 만난 트리퍼 삼촌을 보고 가족들 모두 환하게 웃으면서 반겨 주었는데, 정작 삼촌의 표정은 어두웠지요.

"모두들 진정하고 내 말 잘 들어. 난 원래 집에 돌아올 생각이 없었지만 중요한 소식을 전하기 위해 급히 달려온 거야."

"그게 뭔데요? 좋은 소식이에요?"

"아니, 그 반대야. 지금 바깥세상은 완전히 지옥이야. 몇 달 전부터 쥐들이 병에 걸리기 시작했는데, 병에 걸리면 겉모습과 성격이 완전히 괴물처럼 변해."

"정말요? 시궁쥐처럼 변한다는 건가요?"

"시궁쥐하고는 비교가 안 돼. 괴물 쥐와 몸이 닿기만 하면 너희들도 똑같이 변한다고! 괴물 쥐로 변하면 결국은 죽는 거야. 지금까지 수도 없이 봐 왔어."

"맙소사, 그 쥐들이 지금 어디에 있는데요?"

"사방에 쫙 깔렸어. 며칠 있으면 여기에 도착할 거야."

겁에 질린 생쥐들이 웅성거렸습니다.

"이를 어쩌지? 도망가야 하나?"

"도망가 봐야 계속 쫓아올 텐데, 맞서 싸우는 게 낫지 않을까? 우린 시궁쥐도 물리쳤잖아."

"아까처럼 거울을 이용하면 될 거야. 그렇지, 매스?"

"글쎄……. 트리퍼 삼촌, 그 괴물 쥐랑 닿지만 않으면 괜찮은 건가요?"

"나도 잘 모르겠어. 난 근처에 갈 엄두도 나지 않아서 항상 멀리 떨어져서 봤거든. 하지만 정말 무서운 놈들이야. 괴물 쥐는 사람들도 죽게 만들 정도로 어마어마한 놈들이거든. 하수구에는 죽은 쥐들이 득실거리고 거리에 사람들의 시체가 가득해."

그 순간 나는 가슴이 철렁 내려앉았습니다.

"네? 뭐라고요? 사람까지 죽는다고요?"

"적어도 네 명 중 한 사람은 죽었을걸? 지금 바깥세상에는 곳곳에 시체가 산더미처럼 쌓여 있어."

갑자기 주위가 찬물을 끼얹은 듯 조용해졌습니다. 사람들까지

죽는다니……. 무서운 사람들이 사라지는 건 좋지만 사람이 없으면 농장도 없고, 농장이 없으면 식량도 없습니다. 결국 먹을 게 없으니 우리도 죽게 되겠지요. 농장을 지키려면 우리 생쥐들이 괴물 쥐들을 물리쳐야 합니다. 과연 시골 생쥐에게 그런 용기와 능력이 있을까요?

나는 한동안 생각에 잠겼다가 긴 침묵을 깨고 단호하게 말했습니다.

"나는 싸울래요. 밖에 나가서 괴물 쥐를 물리칠 거예요!"

"매스, 삼촌 말 못 들었어? 그러다 죽는다고!"

"상관없어. 나 혼자라도 싸울 거야."

"얘가 왜 이래. 시궁쥐처럼 만

만한 상대가 아니야. 병에 걸린 괴물 쥐라고!"

"겁이 나면 너희는 여기 남아서 집을 지켜. 난 나가서 농장을 지킬 테니까."

나는 아래층으로 내려와 필요한 장비들을 챙겼습니다. 친구들은 2층 난간에 서서 머뭇거리며 나를 지켜보고 있었지요.

그때 할아버지가 조용히 말했습니다.

"매스의 말이 맞다. 우리는 나가서 싸워야 해. 안에서 버틴다면 당분간은 괜찮겠지만 결국은 굶어 죽고 말 거야. 하지만 괴물 쥐들을 물리친다면 우리의 보금자리를 지켜 낼 수 있겠지."

친구들은 서로 눈치를 보다가 한 마리씩 내 곁으로 모여들었습니다. 얼마 지나지 않아 모든 생쥐들이 1층에 모였지요. 나는 용기를 얻어 큰 소리로 외쳤습니다.

"자, 다들 잘 들어. 지금까지 우리가 사용해 왔던 모든 도구들을 조금만 고쳐서 그걸로 싸우는 거야! 시간이 없으니 어서 서두르자고!"

울즈소프 사수 작전

세상 전체가 흑사병으로 죽어 가고 있는데도 그날 새벽은 너무나 맑고 청명했습니다. 생쥐들은 마을 입구에 있는 냇가에 진을 치고 괴물 쥐를 기다렸습니다. 모두 속으로 잔뜩 긴장했지만, 겉으로는 내색을 하지 않았지요.

우리는 준비해 온 도구들을 제 위치에 고정시키고 몇 번이나 점검을 했습니다. 오늘은 평생 가장 힘든 하루가 될 것입니다. 그러나 괴물 쥐들을 물리치고 나면 가장 기억에 남는 하루가 되겠지요.

잠시 후 해가 뜨자 시내 건너편 숲속에서 흑사병에 걸린 괴물 쥐들이 나타났습니다. 처음에 우리는 괴물 쥐의 모습을 보고 너무 놀라서 입을 다물지 못했습니다. 덩치는 생쥐보다 두 배 이상 크고 철사처럼 까칠한 털이 온몸을 뒤덮고 있는데다가, 입에는 거품을 잔뜩 물고 눈은 새빨갰습니다. 병에 걸렸다는 걸 한눈에 알 수 있었지요.

나는 겁에 질려 부들부들 떨고 있는 친구들을 향해 큰 소리로 외쳤습니다.

"겁먹지 마! 저 건너편에 있는 쥐들은 괴물이 아니야. 몹쓸 병에 걸린 환자일 뿐이라고! 약이 있다면 치료해 주겠지만, 지금 우리에겐 그런 게 없으니 목숨을 걸고 막을 수밖에 없어! 모두 공격 개시!"

그러자 사방에 고함 소리가 울려 퍼지면서 돌멩이와 나무토막이 허공을 가로질러 날아갔습니다. 몇몇 괴물 쥐들은 우리의 공격을 받고 냇물에 빠져 떠내려갔지만, 남은 무리들은 수풀을 헤치며 계속해서 나타났습니다.

쥐덫은 기다란 일자형 지지대를 쥐가 건드리면 용수철이 작동하면서 'U'자 모양의 철사가 벌떡 일어나 쥐를 덮칩니다. 매스는 'U'자 모양의 철사에 투석 장치를 추가하였습니다. 돌을 올리고 철사를 당겼다가 놓으면 돌이 허공을 향해 날아가게 됩니다. 이때 돌을 올린 주걱의 각도를 잘 조절하면 돌이 날아가는 방향을 조절할 수 있습니다.

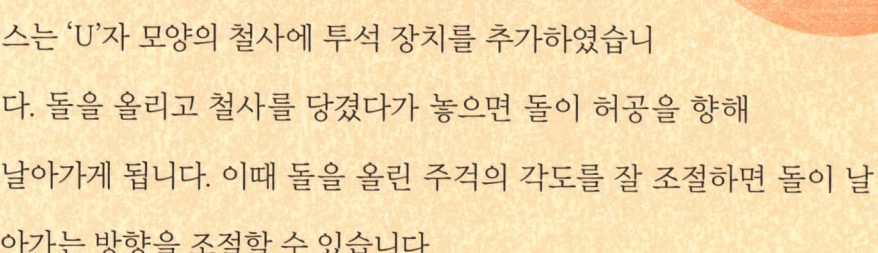

쥐덫을 이용한 투석기

경사로를 스키 점프대처럼 개조한 통나무 투척기

경사로를 개조한 투척기는 큰 물건을 굴릴 수 있습니다. 큰 돌이나 통나무 등 무겁고 굴러가는 것들을 위에서 굴립니다. 우리 편 쪽으로 떨어지지 않도록 점프대의 높이와 마지막 이탈 각도를 잘 조절해서 냇물 한복판에 떨어지도록 설계해야 합니다.

그네를 탄 고무총 사수는 단진자(흔들리는 추)와 고무줄(탄성 에너지)을 결합한 것입니다. 생쥐들은 괴물 쥐와 몸이 닿으면 안 되기 때문에, 가능하면 먼 거리에서 공격할 수밖에 없습니다. 그네를 타면 몸이 닿지 않고, 적보다 높은 곳에서 공격할 수 있으므로 효과도 뛰어납니다.

그네를 타는 고무총 사수

시궁쥐들을 물리칠 때 썼던 빛 공격입니다. 거울 조각과 병 조각(렌즈), 그리고 프리즘을 들고 강한 빛을 비추어 공격합니다. 단, 프리즘은 꽤 무겁기 때문에 서넛이 함께 들어야 합니다.

거울, 렌즈, 프리즘을 이용한 광학 무기

돌멩이 투척기는 기다란 줄의 한쪽 끝에 돌멩이를 묶고 줄 끝을 잡고 돌리다가 각도를 조절하여 던지는 장치입니다. 회전하는 돌멩이의 원심력을 이용하여 멀리 날아가게 하는 것이지요. 소년 다윗이 골리앗을 쓰러뜨릴 때 바로 이 무기를 사용했다고 하지요.

끈을 이용한 돌멩이 투척기

"헉, 헉…… 대체 얼마나 더 있는 거야?"

"매스, 이를 어쩌지? 해가 점점 넘어가고 있어!"

어느덧 오후가 되어 해가 냇물 건너편을 비추는 바람에 거울과 렌즈는 더 이상 쓸 수 없었습니다. 그러나 나는 확신하고 있었습니다. 저들이 아무리 숫자가 많아도 도구를 사용하는 우리를 이길 수는 없다고 말이지요.

"괜찮아, 우리에겐 다른 도구들이 있잖아! 끝까지 버텨야 해! 단 한 마리의 괴물 쥐도 냇물을 건너게 해선 안 돼!"

시간이 흐를수록 생쥐들은 지쳐 갔고, 냇가의 돌멩이도 거의 바닥을 드러냈습니다. 나는 마지막 순간이 찾아오면 몸으로 부대껴 싸우는 한이 있더라도 흑사병 쥐를 반드시 막아 내겠다는 생각뿐이었지요.

그런데 해가 서쪽 산자락에 걸릴 무렵, 갑자기 플럼프가 소리쳤습니다.

"잠깐, 공격 중지! 공격 중지!"

"뭐야? 왜 그래?"

"건너편 숲을 봐. 뭐가 보이지?"

"……아무것도 안 보이는데?"

"바로 그거야! 이제 아무것도 없잖아. 우리가 이긴 거라고!"

정말 그랬습니다. 괴물 쥐들의 모습은 보이지 않고 냇물 흐르는 소리만 들려왔습니다.

"야호! 우리가 이겼어! 우리가 해낸 거야!"

"만세! 만세!"

생쥐들은 일제히 얼싸안고 환호성을 질렀습니다. 우리는 덩치도 작고 힘도 약하지만 여러 가지 도구를 이용하고 철저히 준비한 덕분에 흑사병 쥐들을 물리친 것입니다. 생쥐들은 보금자리를 지켜 냈다는 기쁨에 겨워 목청껏 소리를 질렀습니다.

나는 먼발치에 있는 사과나무를 바라보았습니다. 내일 아침이 밝으면 검댕이손은 평소와 다름없이 사과나무 아래에 앉아 깊은 생각에 잠기겠지요. 나는 빵보다 중요한 무언가를 깨닫게 해 준 검댕이손을 구해 냈다는 게 가장 기뻤습니다.

우리는 지친 몸을 이끌고 농장으로 돌아왔습니다. 어느덧 들판에는 아름다운 저녁노을이 드리워 있더군요. 매일 보는 풍경이었지만, 그날의 노을은 어느 때보다도 아름다웠습니다.

유럽 대륙을 덮친 흑사병은 1666년에 뉴턴이 잠시 머물렀던 울즈소프 근처까지 퍼졌습니다. 그런데 정말 희한하게도 울즈소프에서는 흑사병에 걸린 사람이 거의 없었다고 합니다. 만일 울즈소프에 흑사병이 돌아서 뉴턴이 목숨을 잃었다면 물리학은 지금처럼 발전할 수 없었을 것입니다. 정말로 매스 같은 생쥐들이 인류의 미래를 위해 뉴턴을 구해 준 건 아닐까요? 아무튼 뉴턴은 유럽 인구의 네 명 중 한 명을 죽음으로 내몰았던 흑사병 대란에서 극적으로 살아남아 운동 법칙과 중력 법칙, 미적분학, 광학 등 위대한 업적을 후대에 남길 수 있었습니다.

작용 반작용의 법칙

뉴턴이 발견한 운동 법칙은 모두 세 가지가 있는데, 첫 번째가 관성의 법칙, 두 번째는 가속도의 법칙, 그리고 세 번째가 바로 작용 반작용의 법칙입니다.

작용 반작용의 법칙은 하나의 물체 A가 다른 물체 B에 힘을 가하면, B는 그와 똑같은 세기의 힘을 A에게 되돌려 준다는 것이지요.

생쥐들이 긴 장대로 괴물 쥐의 몸을 밀면(작용) 괴물 쥐도 똑같은 힘으로 생쥐를 밀어냅니다(반작용). 그러나 장대는 단면적이 작아서 좁은 부분에 큰 힘이 집중되기 때문에 결국 힘 때문이 아니라 '찔린 곳이 아파서' 피하거나 달아나게 되는 것이지요.

자동차가 벽에 부딪쳤을 때 망가지는 것도 작용 반작용 때문입니다. 자동차가 벽에 힘을 가하면(작용) 벽도 자동차에게 똑같은 크기의 힘을 가하기 때문에(반작용) 자동차와 벽이 모두 부서지는 것이지요.

생쥐가 면적이 넓은 무기로 괴물 쥐를 밀면 괴물 쥐도 똑같이 생쥐를 밀어냅니다.

생쥐가 끝이 뾰족한 무기로 괴물 쥐를 밀면 괴물 쥐는 뾰족한 창살에 다치기 때문에 달아나는 것이 상책입니다.

로켓의 경우는 아래로 내뿜는 연료가 작용에 해당하고 로켓의 몸체가 위로 떠오르는 것은 반작용에 해당합니다.

단진자

줄의 한쪽 끝에 추를 매달고 다른 쪽 끝을 높은 곳에 고정시켜 놓은 것을 단진자라고 합니다. 단진자는 '한 번 왕복하는 데 걸리는 시간'이 거의 일정하기 때문에 시간을 재는 도구로 사용되기도 합니다.

놀이터의 그네나 놀이공원에서 볼 수 있는 바이킹도 단진자의 원리를 이용한 것인데, 줄이 당기는 힘과 지구의 중력이 동시에 작용하여 왕복 운동을 하게 되지요. 줄의 길이가 길수록 단진자의 주기는 길어집니다.

원운동

동그란 원의 둘레를 따라 움직이는 운동을 원운동이라고 합니다. 모든 원운동은 반드시 구심력이라는 힘이 있어야 일어날 수 있습니다.

줄에 돌멩이를 매달아 돌릴 때는 줄이 당기는 힘(장력)이 구심력 역할을 하고, 태양 주변을 도는 행성들은 태양과 행성 사이의 중력(만유인력)이 구심력 역할을 합니다. 그러니까 원운동은 절대로 '공짜로' 일어나지 않는 것이지요. 구심력이 부족한데도 억지로 원운동을 하려고 고집을 부렸다간 사고가 나기 십상입니다.

검댕이손과의 이별

농장 사람들은 흑사병이 마을을 피해 간 일을 다들 기뻐했지만, 어째서 그렇게 되었는지는 꿈에도 짐작하지 못했을 겁니다. 라피도, 플럼프를 비롯한 친구들은 틈만 나면 그날의 무용담을 늘어놓으며 자랑하기에 바빴고, 나는 듣고만 있어도 마음이 뿌듯했습니다.

모든 게 도구를 설계하고 만든 내 덕분이라고 자랑할 생각도 전혀 없었습니다. 나는 이 세상 모든 물체들이 움직이는 원리를 조금이나마 알고 있다는 것만으로도 충분히 행복했으니까요.

시궁쥐들도 우리 생쥐들 덕분에 살아났다며 선물을 잔뜩 들고 찾아왔습니다. 그중에서 몸집이 제일 큰 시궁쥐가 묻더군요.

"아니, 너희처럼 몸집도 작고 겁 많은 녀석들이 어떻게 그런 괴물을 물리친 거야?"

살짝 우쭐해진 나는 잔뜩 폼을 잡고 대답했습니다. 삶의 터전을 지키겠다는 의지와 누구와 싸워도 이길 수 있다는 용기, 그리고 거기에 약간의 과학 지식을 더하면 천하무적이 된다고 말이죠. 내 말을 이해했는지는 잘 모르겠지만, 시궁쥐들은 우리와 평화롭게 살기로 약속하고 돌아갔습니다.

울즈소프에 다시 평화가 찾아오고 몇 달이 지난 어느 날, 나는 사과나무 옆에서 먹을거리를 줍다가 검댕이손을 보았습니다. 양손에 커다란 짐을 들고 있는 것이, 먼 여행을 떠나는 듯한 모습이었지요. 검댕이손은 가족들과 작별 인사를 나누고 마차를 타려다가 나와 눈이 마주쳤습니다.

"나를 배웅하러 나왔니? 나는 너희를 별로 좋아하지 않지만, 신께서 너희를 우리 농장에 보내신 데에는 그럴 만한 이유가 있겠지. 원인이 있는 곳에 결과가 있으니, 나는 결과를 확인하러 가는 거란다. 이제 내 방에는 빵이 없으니까 다른 곳을 찾아보렴."

검댕이손이 하는 말은 알아들을 수 없었지만 눈빛으로 통하는 게 있었습니다. 옆에 있던 할아버지가 말했습니다.

"매스, 네가 지키려고 했던 사람이 저 사람이니? 눈빛이 참 순수해 보이는구나."

"네. 저 사람이 바로 검댕이손이에요. 그의 순수한 생각과 탐구정신이 우리 모두를 살렸어요."

"그랬구나. 하지만 그걸 실천에 옮긴 건 너였잖아. 네가 우리 모두를 살린 거야."

"아니에요. 저는 검댕이손 덕분에 빵보다 '중요한 무엇'을 알게 되었어요. 저에게는 너무나 고마운 사람이에요."

"그래서 저 청년을 믿고 목숨을 걸었던 거로구나. 저 사람이 과연 네 마음을 알아줄까?"

"상관없어요. 어차피 사람들은 쥐를 싫어하잖아요. 모르는 편이 더 나아요."

"그래도 네가 목숨을 걸고 싸운 보람이 있으려면 저 청년이 장

차 훌륭한 사람이 되어야 할 텐데……."

　나는 나중에 할아버지가 되면 손자들에게 이야기해 줄 것입니다. 울즈소프에 한 고귀한 사람이 살았고, 생쥐 한 마리가 그에게 영감을 받아 새로운 삶을 찾았다고. 그리고 생쥐들은 울즈소프를 흑사병에서 구했고, 그 사람은 인류 전체를 무지에서 구해 낼 거라고…….

전설이 된 남자

생쥐들이 울즈소프를 구한 이야기는 그 후 오랜 세월 동안 쥐들의 입에서 입으로 전해져 하나의 전설이 되었습니다. 플럼프가 떨어뜨린 사과에 머리를 맞았던 검댕이손, 매스가 목숨을 걸고 지켰던 검댕이손은 매스의 예상대로 위대한 물리학자가 되었고, 인류 역사상 가장 위대한 과학책 《프린키피아》를 썼습니다.

케임브리지 대학 도서관에 사는 생쥐들은 온갖 책들을 간식 삼아 쏠아 먹으면서도 그 책만은 절대로 건드리지 않았습니다.

《프린키피아》에는 한 천재의 고귀한 정신과 흑사병을 이겨 낸 생쥐들의 염원이 고스란히 담겨 있었기 때문입니다.

오늘도 케임브리지 대학교 도서관의 생쥐들은 책상 위에 《프린키피아》를 펼쳐 놓고 한바탕 토론을 벌이고 있습니다. 다들 이 책에 대해서 할 말이 꽤 많은 모양입니다.

"그러니까, 그 책을 너희 할아버지의…… 할아버지의 할아버지가 썼단 말이야?"

"꼭 그렇다기보다도, 우리 할아버지의 할아버지의…… 할아버지가 나무 꼭대기에서 사과를 떨어뜨리지 않았다면 이 책은 세상에 나오지 못했을 거라는 얘기야."

"어라? 우리 엄마가 그러는데, 우리 할아버지의 할아버지의…… 할아버지가 고향에 제때 돌아오지 않았다면 생쥐들은 모두 멸종하고 그 책도 없었을 거라던데?"

"아니야, 옛날에 우리 할아버지 할머니들이 힘을 모아 목숨을 걸고 괴물 쥐를 물리친 덕분에 이 책이 나올 수 있었던 거래. 그런데 저 녀석은 아까부터 책만 들여다보고 있네? 야, 아이작! 너희 할아버지의 할아버지의…… 할아버지는 뭐 한 거 없니?"

"글쎄…… 평생 동안 책 읽고, 도구 만들고, 실험하고 그러면서 보내셨대. 자기 자랑을 별로 하지 않는 분이셨거든. 지금 우리가 사용하는 모든 도구를 만드셨고, 시궁쥐들을 물리쳤고, 우리 마을에 괴물 쥐들이 쳐들어왔을 때 생쥐 군대를 조직해서 괴물 쥐를 물리친 총사령관이셨고, 이 책을 쓴 사람을 흑사병에서 구해 내셨고…… 뭐 그 정도밖에 안 돼."

누가 무슨 공을 세웠건, 그게 무슨 상관인가요? 어쨌거나 뉴턴은 어려운 시기를 이겨 내고 끝까지 살아남아서 인류에게 위대한 유산을 남겼습니다. 그의 순수한 탐구 정신과 자연 현상을 분석하는 수학적 능력, 그리고 만물의 이치를 꿰뚫어 보는 통찰력은 언제까지나 후대의 귀감으로 남을 것입니다.

프린키피아
(Principia, 1687)

아이작 뉴턴은 45살 때인 1687년 자신의 물리학 세계를 꼼꼼하게 정리하여 《프린키피아》라는 책을 썼습니다. 그런데 책에 담겨 있는 내용의 대부분은 전 유럽을 휩쓴 흑사병을 피해 고향인 울즈소프 농장에 머물렀던 1666년, 그러니까 뉴턴이 24살 때 생각했던 것이라고 합니다. 모든 물리학의 기초가 되는 많은 이론들을 젊은 청년이 단 1년 만에 떠올렸다는 사실이 정말 놀랍지 않나요? 그래서 과학자들은 1666년을 '기적의 해'라고 부른답니다.

작가의 말

아이작 뉴턴은 자연 현상을 깊이 관찰한 끝에 운동의 법칙과 중력의 법칙을 발견했습니다. 하지만 그 내용을 일상적인 말로 표현하기가 어려웠기 때문에 '미적분학'이라는 새로운 수학 계산법까지 발명했지요. 대부분의 사람들이 어려워하는 미적분학이, 사실은 '자연을 쉽고 간단하게 설명하기 위해' 만들어졌던 것입니다.

이상하게도 자연은 수학하고 너무나 친합니다. 그래서 자연 현상을 연구하는 물리학은 오로지 '수학'이라는 언어를 통해 전달됩니다.

그러나 뉴턴이 등장하기 전까지만 해도, 자연을 탐구하는 분야는 과학이 아닌 철학에 속해 있었습니다. 중세 시대에는 종교가 사람들의 일상생활을 지배했고, 자연을 탐구하는 것은 세상을 창조한 신의 뜻을 이해하는 행위라고 생각했기 때문입니다.

과학에 처음으로 수학을 도입한 사람은 이탈리아의 과학자 갈릴레오였는데, 마치 그의 업적을 이어받기라도 하듯이 뉴턴은 갈릴레오가 세상을 떠나던 해에 태어나 오로지 논리적 생각만으로 종교와 무관한 고전 물리학 이론을 완성했습니다. 그가 물리학과 수학에 남긴 업적으로 볼 때, 저는 아이작 뉴턴이야말로 이 땅에 살다 간 과학자들 중 가장 뛰어난 천재라고 생각합니다.

17세기 유럽에 흑사병이 돌았을 때, 수많은 사람들이 흑사병에 걸려 죽었습니다. 그중에는 뉴턴 못지않게 뛰어난 천재들도 있었겠지요. 1665년에 뉴턴은 흑사병을 피해 고향인 울즈소프로 돌아왔는데, 그곳에 흑사병이 퍼지지 않은 것은 정말이지 너무나 다행스러운 일이었습니다. 만일 울즈소프에도 흑사병이 퍼졌다면 뉴턴은 자신의 생각을 펼쳐 보지도 못한 채 젊은 나이에 생을 마감했을 것입니다.

여러분도 훌륭한 사람이 되어 세상에 공헌하려면 탐구 정신과 창의력도 뛰어나야겠지만, 무엇보다 몸이 건강해야 합니다. 창의적인 생각은 건강한 몸과 마음에서 나오는 것이니까요.

박병철

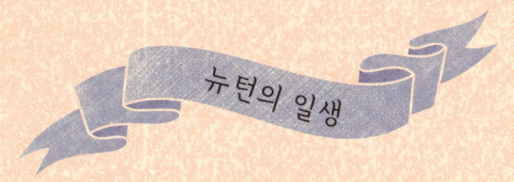

뉴턴의 일생

1642년(0살)

뉴턴은 영국 울즈소프에서 태어났는데, 뉴턴이 태어나기 전 친아버지가 돌아가시고 어머니는 부잣집 노인과 재혼하여 집을 떠나는 바람에 외로움 속에서 어린 시절을 보냈습니다.

1653년(11살)

의붓아버지가 세상을 떠나고 어머니가 이복동생들을 데리고 집으로 돌아와 뉴턴을 멀리 떨어진 학교로 보내 버렸습니다. 뉴턴은 경쟁심이 강하고 말수가 적어서 친구들에게 수시로 괴롭힘을 당했다고 합니다.

1661년(19살)

농부가 되라는 어머니의 말에 17살 때 집으로 돌아왔으나, 이복동생들과 사이가 좋지 않았고 어머니와 수시로 말다툼을 벌이는 등 반항적 기질을 보였습니다. 참다 못한 외삼촌의 권유에 따라 트리니티 컬리지(케임브리지 대학교의 16개 대학 중 하나)에 입학하게 됩니다.

1665년(23살)

대학을 졸업하고 수학과 광학을 연구하던 중 흑사병이 돌아 고향인 울즈소프로 잠시 돌아왔습니다. 이때부터 1666년까지 1년 남짓한 기간 동안 광학과 미적분학, 운동 법칙, 중력 법칙 등 대부분의 아이디어를 떠올렸다고 합니다.

1668년(26살)

기존의 굴절망원경을 개선한 반사망원경을 최초로 제작하여 천체 관측에 크게 공헌했습니다. 이 일을 계기로 훗날 영국 왕립학회 회원으로 추천됩니다.

1669년(27살)

지도 교수였던 아이작 배로 교수의 뒤를 이어 루카스 석좌 교수로 임명되었습니다. 2018년에 사망한 스티븐 호킹도 세상을 뜨기 전까지 이 권위 있는 자리에 있었지요. 바로 이 해에 뉴턴은 미적분학을 발표했는데, 독일의 수학자 라이프니츠와 서로 "미적분학은 내가 먼저 개발했다."고 주장하며 한바탕 싸움을 벌이게 됩니다.

~~~~~ 1689년(47살) ~~~~~

인류 역사상 최고의 과학책 《프린키피아(자연 철학의 수학적 원리)》가 드디어 출간되었습니다. 보통 사람 같았으면 수십 년 전에 썼을 텐데, 뉴턴은 모든 내용을 오랜 세월 동안 혼자만 알고 있다가 친구인 에드문드 핼리(핼리 혜성을 발견한 사람)의 끈질긴 권유에 못 이겨 마지못해 책을 썼다고 합니다.

~~~~~ 1691년(49살) ~~~~~

엉뚱하게 영국 조폐국(화폐를 찍어 내는 곳)의 감사로 임명되어 물리학에서 멀어졌지만, 이곳에서도 뉴턴은 "동전의 테두리를 오돌도돌하게 만들어서 금화 위조를 방지한다."는 아이디어를 떠올렸습니다. 이런 형태의 동전은 지금도 사용되고 있지요.

~~~~~ 1699년(57살) ~~~~~

천재는 어디에서도 빛을 발하는 법인지 조폐국의 장관이 되었습니다.

~~~~~ 1703년(61살) ~~~~~

평생의 연구 업적을 인정받아 영국 왕립협회 회장으로 선출되었습니다.

~~~~~~ 1704년(62살) ~~~~~~

그동안 연구해 온 빛의 성질과 렌즈의 원리, 색의 이론 등을 모두 모아 《광학》이라는 책을 출간했습니다.

~~~~~~ 1710년(68살) ~~~~~~

영국 그리니치 천문대의 감찰위원장이 되어 천문 관측을 지휘했습니다.

~~~~~~ 1727년(85살) ~~~~~~

평생 결혼을 하지 않고 혼자 살다가 영국 켄싱턴에서 세상을 떠났고, 민간인으로는 처음으로 웨스트민스터 사원에 묻혔습니다.